AF286812

Sophie A. Carter

Vom Verlassenwerden und Loslassen –

Deine Reise zu dir selbst

ISBN: 978-3-8192-1045-7
Gestaltung & Satz: Sophie A. Carter
Verlag: BoD · Books on Demand GmbH, Überseering 33, 22297 Hamburg, bod@bod.de
Druck: Libri Plureos GmbH, Friedensallee 273, 22763 Hamburg

Inhalt

Prolog – Und plötzlich war da nur noch ich

*Ich weiß nicht mehr, wann genau du gegangen
bist.
Vielleicht war es, als du aufgehört hast, meine
Nachrichten zu lesen.
Vielleicht war es, als deine Nähe sich plötzlich
fremd anfühlte.
Vielleicht war es aber auch schon viel früher –
als ich dich noch hielt und du innerlich längst
aufgestanden warst.*

*Verlassen werden ist kein Moment.
Es ist ein Prozess.
Eine langsame Entfremdung,
die wie ein Haarriss in der Seele beginnt
und sich still durch alles zieht,
was mal sicher war.*

*Ich habe nicht nur dich verloren.
Ich habe mich mit dir verloren.
Zwischen Nachrichten, die ich nicht abschickte.
Zwischen Gesprächen, die nur noch in meinem
Kopf stattfanden.
Zwischen Fragen, die nie beantwortet wurden –
und Antworten, die ich nie hören wollte.*

*Und trotzdem:
Hier bin ich.
Nicht mehr die, die ich war.*

Noch nicht die, die ich sein will.
Aber bereit, wieder bei mir anzukommen.

Dies ist keine Geschichte über dich.
Es ist meine.
Die Geschichte vom Aushalten,
vom Loslassen,
vom Wieder-atmen.
Vom Verlassenwerden –
und davon,
wie ich langsam beginne, mich selbst nicht mehr
zu verlassen.

Kapitel 1 – Wenn Nähe fehlt: Schmerz, Sehnsucht & Vermissen

Gedanke 1 – Ich war zu viel. Oder nicht genug

Ich weiß nicht, was es war.
Ob ich zu laut geliebt habe.
Oder ob du einfach zu leise gefühlt hast.

Vielleicht war ich zu ehrlich.
Oder du zu feige.
Vielleicht habe ich gehofft,
während du längst aufgehört hast zu glauben.

Du hast nie gesagt, was dir gefehlt hat.
Aber ich habe jede deiner Pausen gespürt.
Und irgendwann war ich nur noch damit
beschäftigt,
weniger zu sein.
Weniger laut. Weniger fragend. Weniger ich.

Ich habe mich so lange kleiner gemacht,
bis du bequem neben mir stehen konntest.
Und am Ende war ich fast verschwunden.
Nur damit du bleibst.

Gedanke 2 – Ich schreibe dir nie. Aber ich schreibe dir ständig

Dein Name steht nicht mehr in meinem Chat.
Aber er steht in jedem Gedanken.
Ich habe dir nie gesagt, wie sehr du mir fehlst.
Aber ich sage es mir selbst – jeden Abend.

Ich schreibe dir nicht.
Aber ich schreibe Nachrichten,
die ich nie abschicke.
Fragen, auf die du keine Antwort hättest.
Sätze, die dich nicht berühren würden.

Ich rede mit dir in Gedanken.
Formuliere meine Sätze wie Prüfungsfragen.
Und lösche sie wieder,
bevor ich den Mut finde, sie abzuschicken.

Vielleicht, weil ich weiß,
dass Schweigen von dir weniger schmerzt
als Gleichgültigkeit.

Gedanke 3 – Du bist gegangen, aber ich bleibe zurück

Du bist weitergezogen,
als wäre es das Einfachste auf der Welt.
Während ich hier stehe,
inmitten von Erinnerungen,
die immer noch nach dir riechen.

Ich hasse, dass du es geschafft hast.
Loszulassen.
Ein neues Leben zu führen,
ohne dass ich darin vorkomme.

Und ich?
Ich hänge fest zwischen dem,
was war,
und dem, was nie wieder sein wird.

Du bist gegangen.
Und hast mir den Schmerz dagelassen
wie ein ungeöffnetes Paket,
das täglich schwerer wird.

Gedanke 4 – Du warst mein Zuhause

Du warst dieser eine Mensch,
bei dem ich nicht darüber nachdenken musste,
wie ich wirke.
Wie ich aussehe.
Wie laut mein Lachen ist
oder wie still mein Schmerz.

Ich war einfach.
Und du warst da.

Nicht perfekt,
aber warm.
Nicht immer richtig,
aber echt.

Und jetzt?
Jetzt stehe ich da,
mit einem Schlüssel in der Hand
zu einer Tür, die du längst abgeschlossen hast.

Und ich frage mich:
Wie überlebt man den Verlust eines Zuhauses,
das man nicht mit Wänden,
sondern mit einem Herzen geteilt hat?

Gedanke 5 – Verlassen ohne Erklärung

Du bist gegangen,
aber du hast nichts gesagt.
Kein Grund. Kein Abschluss. Kein „Ich muss
gehen".

Nur Stille.
Die lauteste Art, sich zu verabschieden.

Ich habe mehr Zeit mit Fragen verbracht
als mit unserer Beziehung.
Mehr Nächte mit „Was hab ich falsch gemacht?"
als mit „Was war schön mit dir?"

Du warst mein Kapitel –
aber ich war nur dein Lesezeichen.

Gedanke 6 – Betrogen werden fühlt sich an wie Erfrieren

Nicht der Kuss mit ihr hat mich gebrochen.
Es war dein Blick danach.
So leer. So kalt.
Als wäre ich die Fremde.
Und nicht sie.

Vertrauen bricht nicht mit einem Knall.
Es bricht in Splittern,
die tief in dir stecken bleiben.
Jahrelang.

Ich frage mich bis heute,
wann du aufgehört hast, mich zu lieben.
Und ob du es je wirklich getan hast.
Oder ob ich nur die Brücke war,
bis du bei ihr ankamst.

Gedanke 7 – Hoffnung, obwohl alles dagegen spricht

Ich weiß, dass du nicht zurückkommst.
Dass du längst weiter bist.
Dass meine Nachrichten dich nicht mehr
berühren.
Vielleicht nicht mal mehr erreichen.

Und trotzdem
hoffe ich.

Nicht laut.
Nicht sichtbar.
Nur leise, nachts –
wenn die Welt schläft
und mein Herz sich erinnert,
wie sich deine Nähe angefühlt hat.

Ich hoffe gegen jedes Zeichen.
Gegen jedes Schweigen.
Gegen jede Realität.
Weil ein Teil von mir
immer noch glaubt,
dass du irgendwann sagst:
„Ich war nicht fertig mit uns."

Gedanke 8 – Die Angst, nicht zu genügen

Ich habe mich oft gefragt,
ob du jemanden wie mich je lieben konntest.
Jemanden, der denkt,
fühlt,
fragt,
zweifelt,
immer ein bisschen mehr als gesund ist.

Ich war nie die Leichte.
Nie die, die „mal locker macht".
Ich war intensiv.
Tief.
Und oft zu ehrlich für eine Welt,
die Oberflächen liebt.

Vielleicht habe ich deshalb nie gereicht.
Vielleicht war ich zu echt,
und du zu feige,
mir in die Tiefe zu folgen.

Und vielleicht
liegt mein Wert
nicht darin, dass ich genüge –
sondern darin, dass ich nie wieder versuche,
weniger zu sein.

Gedanke 9 – Ich habe dich geliebt, obwohl du mich verletzt hast

Ich wusste, dass du mich zerbrichst.
Und ich bin trotzdem geblieben.
Nicht aus Dummheit.
Nicht aus Schwäche.
Sondern, weil mein Herz
nicht loslassen konnte,
was sich einmal wie Heimat angefühlt hat.

Du warst mein Chaos.
Mein Schmerz.
Aber auch mein Licht.
Und zwischen beidem
bin ich still zerfallen.

Ich habe dich geliebt,
als du längst aufgehört hast, gut zu mir zu sein.
Und ich hasse mich dafür –
und gleichzeitig
macht es mich stolz.
Weil ich lieben kann.
Tief.
Ehrlich.
Trotz allem.

Und das ist etwas,
was du vielleicht nie konntest.

Gedanke 10 – Ich wollte nur, dass du bleibst

Ich habe nicht viel verlangt.
Nur, dass du bleibst.
Nicht immer. Nicht perfekt.
Nur echt.

Ich hätte all deine Zweifel gehalten.
Dein Schweigen. Deine Unsicherheiten.
Ich hätte Platz gemacht für das,
was du nicht in Worte fassen konntest.

Aber du bist gegangen.
Nicht, weil ich zu viel wollte.
Sondern, weil du zu wenig fühlen konntest.
Oder zu viel Angst hattest,
was es bedeutet,
wirklich da zu sein.

Und das tut weh –
dass ich alles gewesen wäre,
was du nie sehen wolltest.

Gedanke 11 – Overthinking hat mich mehr zerstört als du

Du warst der Anfang.
Aber meine Gedanken waren das Echo.
Wort für Wort.
Jeden Blick. Jedes Zögern.
Ich habe alles tausendmal analysiert,
hinterfragt, verdreht.

Ich habe ganze Gespräche geführt,
die nie stattfanden.
Antworten gesucht,
die du mir nie geben wolltest.

Ich war nie sicher,
ob du mich wirklich wolltest.
Und diese Unsicherheit
war wie ein Gift,
das ich mir selbst immer wieder verabreicht
habe.

Am Ende warst du längst weg –
aber ich habe mich selbst
immer wieder neu verletzt.
Mit Gedanken,
die ich für Wahrheit hielt.

Gedanke 12 – Ich hätte loslassen sollen, als es noch leicht war

Ich hätte gehen sollen,
als ich noch genug Kraft dafür hatte.
Als mein Herz noch nicht ganz in deiner Hand
lag.
Als meine Welt sich noch nicht um dich drehte.

Aber ich bin geblieben.
Weil Hoffnung manchmal lauter ist als
Vernunft.
Weil Liebe manchmal blind macht für Schmerz.
Und weil ich dachte,
dass man um Menschen kämpft,
die einem wichtig sind.

Jetzt weiß ich:
Ich habe nicht gekämpft.
Ich habe mich geopfert.
Und du hast zugesehen,
wie ich mich selbst verloren habe
– still, leise, schleichend.

Loslassen tut weh.
Aber länger festzuhalten
zerstört alles,
was noch hätte heilen können.

Gedanke 13 – Erinnerungen haben kein Ablaufdatum

Ich laufe durch diese Stadt
und stolpere über Orte,
die mal wir waren.
Bank. Brücke. Bäckerei.
Nichts davon gehört mir.
Und doch tut alles weh.

Es ist komisch,
wie ein Lied im Supermarkt,
ein Geruch auf der Straße,
eine Zahl auf dem Nummernschild
deinen Namen lauter ruft
als mein Herz es zulassen will.

Ich glaube, Erinnerungen hören nicht auf.
Sie werden nur leiser.
Bis sie sich irgendwann
nicht mehr wie Messer anfühlen,
sondern wie Narben,
die du nur noch spürst,
wenn du ganz still wirst.

Gedanke 14 – Einsamkeit ist nicht das Alleinsein

Es gibt Tage,
an denen ich mitten unter Menschen stehe
und mich trotzdem verliere.
Weil keiner dich ist.
Weil keiner fragt, wie ich wirklich bin.
Weil keiner merkt,
dass mein Lächeln ein Schutzschild ist.

Ich war auch allein,
als du noch da warst.
Und ich war dir nah,
während du innerlich längst gegangen warst.

Einsamkeit ist nicht,
wenn niemand bei dir ist.
Einsamkeit ist,
wenn du dich nicht mehr spürst,
weil du so sehr gehofft hast,
dass jemand anderes das für dich übernimmt.

Gedanke 15 – Ich habe mich vermisst, als ich dich geliebt habe

Ich habe Dinge gesagt,
die ich nicht meinte – nur damit du bleibst.
Ich habe Dinge geschwiegen,
die geschrien haben – nur damit du lachst.

Ich habe mich angepasst,
gebogen, zurückgenommen.
Ich habe versucht,
deine Vorstellung von „liebenswert" zu sein.

Aber dabei habe ich etwas verloren,
das viel wertvoller war als du:
Mich.

Und jetzt, wo du weg bist,
suche ich nicht dich.
Ich suche mich.
Die Version von mir,
die nicht von deiner Meinung abhing.

Und langsam
wird sie wieder laut.

Gedanke 16 – Du hast mich nicht zerstört, aber

Ich bin nicht zerbrochen.
Aber ich bin gefallen.
In Einzelteile.
In Fragen, in Tränen, in Nächte,
die länger waren als alles,
was ich von dir je bekommen habe.

Du hast mich nicht zerstört.
Dafür war ich zu stark.
Aber du hast mich auseinander genommen –
mit jedem Blick,
der mich nicht mehr gesehen hat.
Mit jedem „Alles gut",
das gelogen war.

Ich war ein Puzzle,
bei dem du irgendwann aufgehört hast,
die Teile zusammensetzen zu wollen.
Und ich?
Ich musste lernen,
es selbst zu tun.
Langsam.
Zitternd.

Und zum ersten Mal
für mich.

Gedanke 17 – Ich war nicht schwierig, du warst nicht bereit

Du hast gesagt,
ich sei anstrengend.
Zu emotional.
Zu sensibel.
Zu kompliziert.

Aber vielleicht war ich einfach nur ehrlich.
Echt.
Ungefiltert.
Und du warst nicht bereit dafür.

Ich wollte Nähe.
Verbindlichkeit.
Tiefe.
Und du – du wolltest jemanden,
der bleibt,
ohne zu viel zu wollen.
Ohne zu viel zu zeigen.

Ich war nie zu viel.
Ich war nur mehr,
als du tragen konntest.

Gedanke 18 – Ich bin nicht wütend. Ich bin nur müde.

Ich war wütend.
Am Anfang.
Als du gegangen bist,
ohne ein Wort.
Als du mich vergessen hast,
bevor ich gelernt hatte,
nicht mehr auf dich zu warten.

Aber heute?
Ich bin nicht wütend.
Ich bin müde.

Müde vom Erklären.
Vom Hoffen.
Vom Verstehenwollen.
Müde vom Fragen,
vom Erinnern,
vom Leise-sein-Müssen,
damit du nicht gehst.

Ich habe dich nicht verloren.
Ich habe aufgehört,
mich für dich zu verlieren.

Gedanke 19 – Ich habe aufgehört, deine Rückkehr zu fantasieren

Es gab eine Zeit,
da habe ich mir ausgemalt,
wie du zurückkommst.
Mit Blicken voller Reue.
Mit Worten,
die alles erklären.
Mit einem Herz,
das endlich für mich schlägt.

Ich habe mir vorgestellt,
wie du mich anrufst.
Wie du sagst:
„Ich habe Fehler gemacht.
Aber du bist alles, was ich will."

Aber weißt du was?
Du bist nicht gekommen.
Nicht ein einziges Mal.
Und irgendwann
habe ich aufgehört,
mir dich zurückzuwünschen.

Nicht weil ich dich vergessen habe.
Sondern weil ich endlich
mich selbst wieder gesehen habe.

Gedanke 20 – Du hast mich nicht vergessen, du hast dich entschieden

Du hast nicht aus Versehen nicht geantwortet.
Du hast nicht „aus Zeitmangel" mein Bild
ignoriert.
Du hast dich entschieden.
Gegen mich.
Gegen das Wir.
Gegen alles,
was wir hätten sein können.

Und das tut weh.
Weil es bedeutet,
dass du mich gesehen hast –
und trotzdem nicht geblieben bist.

Aber weißt du was?
Auch ich darf mich entscheiden.
Gegen Warten.
Gegen Hoffen.
Gegen dich.

Denn wenn jemand gehen will,
dann ist das kein Rätsel.
Dann ist das die Antwort.

Gedanke 21 – Manchmal vermisst man nur das Gefühl, geliebt zu werden

Ich vermisse dich nicht.
Nicht wirklich.
Nicht dich als Mensch.
Sondern das,
was ich geglaubt habe,
dass du für mich bist.

Ich vermisse es,
jemandem wichtig zu sein.
Jemandes erster Gedanke morgens.
Jemandes Sicherheit in der Nacht.

Ich vermisse die Illusion,
geliebt zu sein.
So wie ich es mir vorgestellt habe.
Nicht so, wie du es gezeigt hast.

Vielleicht
habe ich gar nicht dich geliebt,
sondern das Gefühl,
endlich gesehen zu werden.
Und vielleicht
warst du nie wirklich da –
sondern nur die Projektion
meiner eigenen Sehnsucht.

Gedanke 22 – Rückfälle gibt es nicht nur bei Krankheiten

Ich dachte, ich hätte dich vergessen.
Dachte, ich wäre durch damit.
Stark genug, um deinen Namen zu hören,
ohne dass etwas in mir zusammenzuckt.

Und dann kam ein Lied.
Eine Stimme.
Ein Ort.
Und alles war wieder da.
Wie ein Echo,
das zu laut war,
um es zu ignorieren.

Rückfälle gibt es nicht nur bei Krankheiten.
Auch beim Loslassen.
Beim Fühlen.
Beim Heilen.

Und das ist okay.
Ich falle nicht zurück.
Ich gehe nur nochmal durch das,
was mich geformt hat.
Und diesmal
komme ich mit mir selbst wieder raus.

Gedanke 23 – Ich heile in Wellen, nicht in Linien

Es gibt Tage,
da fühle ich mich leicht.
Frei.
Fast so,
als hätte ich dich nie gekannt.

Und dann gibt es Tage,
da trifft mich deine Abwesenheit
wie eine Flut.
Plötzlich.
Unerwartet.
Alles unter Wasser.

Ich dachte, Heilung wäre ein Weg.
Geradeaus.
Immer besser.

Aber Heilung ist eine Welle.
Manchmal trägst du sie.
Manchmal reißt sie dich mit.
Und beides ist Teil des Ganzen.

Ich lerne gerade,
nicht nur den Fortschritt zu lieben,
sondern auch die Rückschritte
als Teil von mir zu akzeptieren.

Gedanke 24 – Ich muss dich nicht hassen, um weiterzugehen

Ich habe lange geglaubt,
ich müsste wütend auf dich sein,
um loslassen zu können.
Aber das stimmt nicht.

Ich muss dich nicht hassen.
Ich muss dich nicht verfluchen.
Ich muss nicht vergessen,
was war.

Ich darf einfach erkennen,
dass es vorbei ist.
Dass du nicht mehr mein Zuhause bist.
Und ich nicht mehr der Mensch,
der auf dich wartet.

Ich gehe nicht,
weil ich dich verachte.
Ich gehe,
weil ich endlich verstehe,
dass mein Herz zu wertvoll ist
für jemand,
der es nicht halten wollte.

Gedanke 25 – Ich wurde nicht gewählt

Du hattest die Wahl.
Und du hast nicht mich gewählt.
Nicht, weil ich nicht da war.
Nicht, weil ich nicht geliebt habe.
Sondern, weil ich nicht das war,
was du gesucht hast.

Ich war bereit.
Für dich. Für uns.
Und du warst bereit –
für jemand anderen.

Ich frage mich nicht mehr,
was sie hat,
was ich nicht hatte.
Ich frage mich,
wie lange ich noch geglaubt hätte,
ich müsste mich ändern,
um geliebt zu werden.

Gedanke 26 – Ich war da, aber ich wurde nicht gesehen

Ich saß direkt neben dir
und fühlte mich allein.
Ich habe gelacht,
damit du nicht fragst.
Und geschwiegen,
damit du bleibst.

Ich war so da.
So offen.
So echt.
Und trotzdem war ich Luft.
Ein Schatten am Rand deiner Gedanken.

Du hast mich nicht gesehen.
Nicht wirklich.
Nicht in dem, was mich ausmacht.
Und das tut weh –
mehr als jeder Abschied.
Denn ich war da.
Und du warst blind.

Gedanke 27 – Ich hätte alles für dich getan

Ich hätte dich geliebt
in deinen dunklen Momenten.
Ich hätte dich gehalten,
wenn du gefallen wärst.
Ich hätte dich verteidigt,
selbst wenn du nicht mehr an dich geglaubt
hättest.

Aber du wolltest das alles nicht.
Du wolltest leicht.
Oberflächlich.
Unverbindlich.

Ich hätte alles für dich getan –
nur nicht das eine,
was du gebraucht hast:
mich selbst vergessen.

Und irgendwann musste ich wählen.
Zwischen mir
und dir.
Und zum ersten Mal
habe ich mich selbst gewählt.

Gedanke 28 – Ich war dazwischen: zwischen Hoffnung und Ahnung

Ich habe es gespürt.
Noch bevor du es gesagt hast.
Bevor dein Blick sich verändert hat.
Bevor dein Schweigen lauter wurde
als deine Worte.

Ich war dazwischen.
Zwischen „Vielleicht bleibt er"
und „Er geht bald".

Ich habe gehofft,
obwohl meine Intuition längst wusste:
Du bist schon auf dem Weg raus.
Ich war nicht mehr dein Zuhause.
Nur noch ein Halt,
bis du etwas Besseres findest.

Und trotzdem bin ich geblieben.
Für ein Vielleicht.
Gegen jede Ahnung.

Gedanke 29 – Du fehlst manchmal an den kleinsten Stellen

Nicht in großen Momenten.
Nicht an Jahrestagen oder Meilensteinen.
Sondern beim Zähneputzen.
Beim Nach-Hause-Laufen.
Wenn mein Handy vibriert
und ich einen Moment denke, es könnte doch du
sein.

Du fehlst
in der Art, wie ich meinen Kaffee trinke.
In dem Lied, das zufällig läuft.
In dem Hoodie, der nach dir riecht –
obwohl du längst aus meinem Leben
verschwunden bist.

Du fehlst da,
wo du früher einfach selbstverständlich warst.
Und das ist das Gemeine an Verlust:
Er lebt in Gewohnheiten weiter,
die keiner ersetzt hat.

Gedanke 30 – Ich wollte Abschied. Du hast mir Schweigen gegeben

Ein „Tschüss" hätte gereicht.
Ein „Ich kann nicht mehr".
Ein „Es ist vorbei".
Aber du hast mir nichts gegeben.
Gar nichts.

Du bist einfach verschwunden
aus dem Gespräch,
aus dem Kontakt,
aus meinem Leben.

Ich habe deinen Abschied selbst gebaut.
Aus Schweigen.
Aus vermiedenen Blicken.
Aus Nachrichten, die nicht mehr beantwortet
wurden.

Und vielleicht war das das Schlimmste daran:
Nicht, dass du gegangen bist –
sondern, dass ich mir selbst erklären musste,
dass es dich nicht mehr gibt.

Teil 2 – Zwischenräume: Gedanken über das, was bleibt, wenn nichts mehr gesagt wird.

Gedanke 31 – Ich war nur noch in deinem Verlauf, aber nicht mehr in deinem Herzen

Ich hab's gemerkt.
Nicht plötzlich.
Sondern langsam.
Mit jedem „online", ohne Antwort.
Mit jedem „gesehen", ohne Gefühl.
Mit jeder Stunde, in der du geschrieben hast –
nur nicht mir.

Du hast mich nicht gelöscht.
Aber du hast mich verdrängt.
Ich war noch in deinem Chat.
Aber nicht mehr in deinem Herzen.

Und irgendwann habe ich mich gefragt,
was schlimmer ist:
Blockiert zu sein –
oder ignoriert zu werden,
während man immer noch sichtbar ist?

Gedanke 32 – Overthinking ist wie Liebeskummer im Kopf

Ich hab ganze Gespräche mit dir geführt,
die nie passiert sind.
Hab Antworten analysiert,
die nur ein „Okay" waren.
Hab dein „Gute Nacht" zehnmal gelesen
und trotzdem nicht geschlafen.

Overthinking fühlt sich an
wie Herzschmerz –
nur stiller.
Nur innerlich.
Nur in mir.

Du hast nichts gesagt,
aber ich habe alles gehört.
Zwischen deinen Pausen.
In deinem Schweigen.
In dem, was du nie geschrieben hast.

Gedanke 33 – Nachrichten schreiben. Löschen. Schreiben. Löschen.

Ich habe dir so oft geschrieben.
Nicht geschickt –
nur geschrieben.

Ich wollte stark sein.
Stolz sein.
Aber ich wollte dich auch vermissen lassen.
Wollte, dass du merkst,
dass es ohne mich leiser ist.

Also habe ich geschrieben.
„Hi."
Gelöscht.
„Ich wollte nur wissen, wie's dir geht."
Gelöscht.
„Ich vermisse dich."
Gelöscht.

Und dann lag ich da.
Mit einem vollen Kopf
und einem leeren Chatfenster.
Und du hattest keine Ahnung,
wie laut ich dich angeschrien hab –
in meiner Stille.

Gedanke 34 – Ich hab's gewusst. Von Anfang an

Ich habe es gesehen.
Wie du sie angeschaut hast.
Wie dein Lächeln weicher wurde,
wenn sie den Raum betreten hat.
Wie du sie erwähnt hast –
zu oft. Zu beiläufig.
So, wie man versucht,
nicht aufzufallen,
aber doch alles sagt.

Und trotzdem habe ich nichts gesagt.
Weil ich dir mehr vertraut habe
als meiner Intuition.
Weil ich dachte,
Liebe heißt:
zweifeln, aber bleiben.

Aber du hast mich betrogen.
Nicht nur mit ihr –
sondern mit meinem Gefühl.

Gedanke 35 – Es war nicht irgendeine. Es war meine Freundin

Du hast mir gesagt,
ich bilde mir was ein.
Sie ist wie eine Schwester für dich.
Wie Familie.
Und ich hab's geglaubt.
Oder geglaubt, glauben zu müssen.

Aber irgendwann war da nur noch Schweigen.
Berührungen, die kürzer wurden.
Augen, die sich ausweichen.
Lügen, die nach Parfum rochen,
das nicht von mir war.

Und dann war es plötzlich kein Geheimnis mehr.
Sondern eine Tatsache.
Du hast mich verloren –
an sie.
Und sie hat mich verraten –
für dich.

Und ich?
Ich hab mich vergessen,
für euch beide.

Gedanke 36 – Ich habe mich nicht getrennt. Ich bin zerfallen.

Trennung klingt so sauber.
So nach Entscheidung.
Aber es war kein Schlussstrich.
Es war ein Auseinanderbrechen.
Still. Leise. Stück für Stück.

Du hast nichts gesagt.
Aber du warst immer weniger da.
Immer weniger ehrlich.
Immer weniger wir.

Und ich?
Ich habe gewartet.
Hoffend.
Zweifelnd.
Wissend.

Am Ende bin ich nicht gegangen.
Ich bin geblieben,
bis ich mich selbst
nicht mehr wiedererkannt habe.

Gedanke 37 – Ich wollte dir glauben. Und hab mich dabei selbst belogen.

Du hast gesagt,
es war nichts.
Nur ein Blick.
Nur ein Spiel.
Nur ein bisschen zu viel Nähe –
aber ohne Bedeutung.

Und ich?
Ich hab genickt.
Obwohl mein Herz
alle Sirenen geschrien hat.

Ich hab an deine Worte geglaubt
und mein Bauchgefühl verraten.
Ich hab meine Wahrheit unterdrückt,
damit deine Lüge nicht weh tut.

Und irgendwann wusste ich:
Ich glaube dir nicht.
Ich glaube nur,
dass du nicht verlieren wolltest –
nicht mich,
sondern das Bild von dir,
das ich geliebt habe.

Gedanke 38 – Du hast alles zerstört, und tust so, als wärst du das Opfer

Du hast gelogen.
Geschwiegen.
Betrogen.
Und jetzt sitzt du da,
als wärst *du* verletzt worden.

Du erzählst, wie ich dich kontrolliert habe.
Wie ich Drama gemacht habe.
Wie du dich eingeengt gefühlt hast.

Aber du sagst nichts von dem,
was du getan hast.
Von den Nachrichten,
die du gelöscht hast.
Von den Blicken,
die du nicht mehr mir geschenkt hast.
Von den Momenten,
in denen du mich gesehen hast
- und trotzdem gegangen bist.

Du warst der Sturm.
Und ich wurde zur Trümmerlandschaft.
Und du tust so,
als hätte ich den Regen bestellt.

Gedanke 39 – Ich kann dir nicht mehr böse sein. Aber ich will dich nie wieder sehen

Ich hab aufgehört, wütend zu sein.
Auf dich.
Auf mich.
Auf alles dazwischen.

Nicht, weil es okay ist.
Sondern, weil ich müde bin.
Müde vom Erinnern.
Vom Rechtfertigen.
Vom Zurückwollen.

Ich wünsche dir nichts Schlechtes.
Aber ich wünsche mir,
dass du mich nie wieder findest.
In Liedern.
In fremden Augen.
In dir.

Ich hab dich gehen lassen.
Nicht, weil du es verdient hast.
Sondern, weil ich es verdient habe,
endlich frei zu sein.

Gedanke 40 – Ich habe dich so oft fast gelöscht

Es gab so viele Abende,
da war ich kurz davor,
dich aus meinem Leben zu löschen.
Handynummer. Bilder. Chatverlauf.
Einmal wischen. Einmal „Ja".

Und trotzdem habe ich es nie gemacht.
Weil ich dachte,
dass du vielleicht noch schreibst.
Dass da noch irgendwas kommt.
Eine Entschuldigung. Ein „Ich denk an dich".
Irgendetwas,
das beweist:
Du vermisst mich wenigstens ein bisschen.

Aber du hast nie geschrieben.
Und ich?
Ich hab dich so oft fast gelöscht –
aber mich dafür immer ein Stück mehr
verloren.

Gedanke 41 – Ich war das Backup, falls es mit ihr nicht klappt

Du warst nie wirklich weg.
Aber auch nie wirklich da.
Immer nur so halb.
Gerade genug,
dass ich dich nicht vergessen konnte.
Nie genug,
um mich ganz zu fühlen.

Und irgendwann hab ich's verstanden.
Ich war dein Backup.
Die, die du warm gehalten hast,
falls sie sich doch umentscheidet.
Falls du allein bleibst.
Falls dein Spiel nicht aufgeht.

Aber ich bin kein Lückenfüller.
Kein Trostpflaster.
Kein Ersatz.

Ich bin ein verdammtes Ganzes.
Und ich will niemanden,
der mich nur halb meint.

Gedanke 42 – Ich habe mich gefragt, ob du jemals nachts wach lagst

Ich lag oft wach.
Hab geweint,
gedacht,
mich gefragt,
was ich falsch gemacht habe.
Ob du sie küsst.
Ob du noch weißt, wie ich rieche.
Ob du mich vermisst –
wenigstens ein bisschen.

Und manchmal hab ich gehofft,
dass du da liegst,
zur gleichen Zeit,
mit den gleichen Gedanken.

Aber weißt du was?
Ich glaub, du hast einfach geschlafen.
Tief.
Friedlich.
Ohne mich.

Gedanke 43 – Ich war ein Kapitel, das du nie zu Ende gelesen hast

Du hast mich aufgeschlagen
wie ein spannendes Buch.
Neugierig. Begeistert.
Aber irgendwann
wurde ich dir zu ehrlich,
zu intensiv.

Du hast Seiten übersprungen,
Absätze ignoriert,
und das Buch beiseitegelegt –
nicht, weil es schlecht war,
sondern weil es dich
zu sehr an dich selbst erinnert hat.

Ich war keine Fußnote.
Ich war eine Geschichte,
die du nicht zu schätzen wusstest.
Aber jetzt schreibe ich weiter –
meine Seiten.
Ohne dich zwischen den Zeilen.

Gedanke 44 – Du hast nichts gesagt. Aber ich hab alles gehört

Dein Schweigen war nicht leer.
Es war voller Antworten,
die ich nicht hören wollte.

Du musstest nichts erklären.
Dein Blick hat längst Abschied gesagt,
bevor dein Körper gegangen ist.

Und ich?
Ich habe in deinem Schweigen
ganze Gespräche geführt.
Und am Ende verstanden:
Nicht jeder Abschied braucht Worte.
Manche tun auch so weh.

Gedanke 45 – Ich war ein Versuch, den du nicht zu Ende gedacht hast

Du hast mich gesehen –
nicht als Mensch,
sondern als Möglichkeit.
Als Idee davon,
wie Liebe sein könnte,
wenn man sich nur genug Mühe gibt.

Aber du hast keine Mühe gegeben.
Du hast mit mir angefangen,
wie man ein Buch beginnt,
das man spannend findet –
bis es anstrengend wird.
Zu ehrlich.
Zu nah.
Zu tief.

Ich war kein Testlauf.
Kein Entwurf für jemanden,
der weniger fordert.

Ich war ein Kapitel voller Gefühl.
Und du hattest keine Lust,
es zu Ende zu lesen.
Weil meine Wahrheit
dich an deine eigene erinnert hat.

Gedanke 46 – Ich habe dich vermisst, bevor du gegangen bist

Es ist seltsam,
jemanden zu vermissen,
der noch da ist.

Dein Körper war bei mir,
aber deine Gedanken
waren längst woanders.

Ich habe geredet,
du hast geschwiegen.
Ich habe gehofft,
du warst schon weg.

Deine Nähe war nur noch ein Echo –
kein Zuhause,
nur eine Erinnerung.

Du bist nicht an einem Tag gegangen.
Du bist jeden Tag
ein Stück mehr verschwunden.
Und ich habe dich vermisst,
bevor du es überhaupt ausgesprochen hast.

Gedanke 47 – Ich habe aufgehört, um Zeichen zu bitten

Ich habe gewartet.
Auf Nachrichten.
Auf Lieder, die dich andeuten.
Auf irgendein Zeichen,
dass du noch an mich denkst.

Aber es kam nichts.
Und irgendwann wusste ich:
Dein Schweigen ist auch eine Antwort.

Ich muss nicht mehr deuten,
nicht hoffen,
nicht träumen.

Denn jedes Ausbleiben
war ein stiller Abschied.
Und jedes Zögern
ein klares Nein.

Ich bitte nicht mehr um Zeichen.
Ich bin jetzt mein eigenes.

Gedanke 48 – Ich habe versucht, dein Schweigen zu verstehen

Ich habe dein Schweigen zerpflückt,
interpretiert, verteidigt.
Vor meinen Freundinnen.
Vor mir selbst.

Vielleicht warst du überfordert.
Vielleicht hast du mich nie geliebt.

Ich habe Dialoge geführt,
die es nie gab –
weil ich so sehr verstehen wollte.

Aber irgendwann hab ich erkannt:
Schweigen ist nicht harmlos.
Es kann auch Respektlosigkeit sein.

Und wer dich schweigend verliert,
hat dich nie ganz gewollt.

Gedanke 49 – Ich war deine Sicherheit, aber nie dein Risiko

Du hast mich gemocht,
wenn ich leise war.
Wenn ich nicht hinterfragt habe.
Wenn ich einfach funktioniert habe.

Ich war deine Sicherheit.
Die, die immer da war.
Die, die gewartet hat.
Die, die dich gehalten hat,
wenn du selbst nicht mehr wusstest,
wohin mit dir.

Aber ich war nie dein Risiko.
Nie die, für die du gekämpft hättest.
Nie die, wegen der du deine Angst überwunden
hast.
Nie die, für die du laut geworden wärst.

Und irgendwann wurde mir klar:
Ich war bequem –
aber nicht bedeutend.
Und ich verdiene jemanden,
für den ich nicht die einfache Wahl bin,
sondern die einzige.

Gedanke 50 – Du warst nicht mehr da, aber ich hab dich überall gesehen

Du warst weg –
aus meinem Bett,
aus meinem Leben.

Aber in meinem Kopf
liefst du weiter.
Wie ein Lied,
das sich nicht abstellen lässt.

Ich sah dich auf der Straße,
in fremden Gesichtern,
in einem Hoodie,
der nach dir aussah.

Du warst weg –
und trotzdem überall.

Und das Schlimmste war:
In all diesen Momenten
wusste ich,
du denkst längst an jemand anderen.

Gedanke 51 – Ich war laut in meinem Fühlen, du warst leise in deinem Gehen

Ich habe mich gezeigt.
Mit allem, was ich war.
Mit Zittern. Mit Hoffnung. Mit offenen Fragen.

Du warst da –
aber immer ein Stück zu weit weg.
Nie greifbar.
Nie wirklich angekommen.

Ich habe geweint,
während du so getan hast,
als wäre alles normal.

Und irgendwann bist du gegangen –
nicht mit einem Streit,
nicht mit einem Knall.
Sondern leise.
So leise,
dass ich den Moment verpasst habe,
in dem du aufgehört hast, mich zu lieben.

Gedanke 52 – Ich war nur dann richtig, wenn ich leise war

Du mochtest mich,
wenn ich nicht zu viel wollte.
Wenn ich nicht geweint habe.
Wenn ich mich nicht hinterfragt habe.

Ich war dir zu intensiv,
wenn ich ehrlich war.
Zu nah,
wenn ich gezeigt habe, wie weh du mir tust.

Du hast mich nur dann akzeptiert,
wenn ich mich selbst zurückgenommen habe.
Wenn ich nicht mehr ich war.

Und weißt du was?
Ich bin nicht zu viel.
Ich bin nicht zu ehrlich.
Ich bin nicht zu emotional.

Ich war nur zu echt
für jemanden,
der sich lieber hinter Oberflächlichkeiten
versteckt.

Gedanke 53 – Ich habe dich verteidigt, auch als du mich längst aufgegeben hattest

Ich habe dich in Schutz genommen.
Vor meinen Freundinnen.
Vor meiner Familie.
Vor mir selbst.

Ich habe gesagt, du bist sensibel.
Überfordert.
Unsicher.

Ich habe deine Abwesenheit erklärt
mit Verständnis,
das ich nie zurückbekommen habe.

Ich habe dich entschuldigt,
während du mich längst
nicht mehr in deinen Gedanken hattest.

Und irgendwann hab ich gemerkt:
Ich war nicht loyal.
Ich war verloren.
Weil ich jemanden verteidigt habe,
der mich längst aufgegeben hatte.

Gedanke 54 – Ich war immer erreichbar. Und du war nie wirklich da

Ich habe reagiert,
sobald du geschrieben hast.
Bin nachts aufgewacht,
wenn dein Name auf dem Display erschien.

Ich war immer da.
Bereit.
Hoffend.
Wartend.

Und du?
Du hast dir ausgesucht,
wann du kommst.
Und wann du wieder verschwindest.
Zwischen den Zeilen.
Zwischen den Tagen.

Ich habe mich so oft klein gemacht,
nur um in deinem Kalender zu passen.
Aber irgendwann wurde mir klar:
Ich war nie Priorität.
Nur Option.
Und selbst dafür
musste ich zu oft still sein.

Gedanke 55 – Ich habe so getan, als ginge es mir gut, damit du dich nicht schuldig fühlst

Ich habe gelächelt,
wenn du mich zufällig gesehen hast.
So getan, als hätte ich alles im Griff.

Ich habe Geschichten erzählt,
die mich stark aussehen ließen.
Hab gelacht –
auch wenn meine Stimme gezittert hat.

Nicht für mich.
Nicht, weil ich stark war.
Sondern, weil ich wollte,
dass du dich nicht schlecht fühlst.

Ich habe mich selbst verraten,
um dich zu schützen
vor einer Schuld,
die du nie gespürt hast.

Aber heute weiß ich:
Es war nicht meine Aufgabe,
dich von der Wahrheit zu befreien.

Gedanke 56 – Ich war der Koffer, den du nie ganz ausgepackt hast

Du bist gekommen.
Hast dich eingerichtet –
aber nie richtig angekommen.

Ich war für dich da.
Ein Zuhause auf Zeit.
Ein Ort zum Durchatmen,
nicht zum Bleiben.

Du hast geliebt,
wenn es leicht war.
Und gezweifelt,
wenn es echt wurde.

Ich war der Koffer,
den du nie ganz ausgepackt hast –
bereit zum Weiterziehen.
Und ich?
Ich war das Zuhause,
das du nie sehen wolltest,
weil es zu viel Wahrheit bedeutete.

Gedanke 57 – Ich habe gewartet, dass du dich änderst – und mich dabei selbst verloren

Ich dachte, wenn ich geduldig bin,
liebst du mich irgendwann so,
wie ich es verdiene.

Ich habe gewartet.
Wochen. Monate.
Auf ein Gespräch,
auf eine Umarmung,
auf ein Zeichen,
dass du mich wirklich siehst.

Ich habe mich angepasst.
Geduldig gewesen.
Verständnis gezeigt.

Aber du hast dich nicht verändert.
Weil du es nicht wolltest.
Weil du es nicht musstest.

Und während ich gehofft habe,
wurde ich leiser, kleiner,
unsichtbarer –
für dich
und für mich selbst.

Gedanke 58 – Ich war da, du warst beschäftigt

Ich habe mir Zeit genommen,
um dich zu sehen.
Du hast dir Zeit genommen,
um dich abzulenken.

Ich war bereit,
tiefer zu gehen.
Du hast Smalltalk gemacht,
als würde Nähe wehtun.

Ich habe zwischen deinen Zeilen
nach Antworten gesucht.
Aber alles, was ich gefunden habe,
war Gleichgültigkeit.

Ich war da –
nicht nur körperlich.
Ich war ganz da.
Und du warst beschäftigt
mit allem,
was dich nicht an dich selbst erinnert hat.

Gedanke 59 – Du hast gesagt, du willst keine Beziehung. Aber du wolltest mich trotzdem nicht gehen lassen

Du hast es gesagt,
ganz ehrlich,
ganz deutlich:
„Ich bin nicht bereit für etwas Festes."

Und trotzdem warst du da,
immer mal wieder.
Ein bisschen Nähe.
Ein bisschen Aufmerksamkeit.

Gerade genug,
damit ich bleibe.
Nicht genug,
um mich sicher zu fühlen.

Du wolltest keine Beziehung –
aber auch nicht,
dass ich mich frei mache.

Und ich habe das verwechselt
mit Liebe.
Aber es war nur Angst.
Deine.
Und am Ende meine auch.

Gedanke 60 – Ich hab aufgehört, mich zu entschuldigen, nur weil ich fühle

Früher hab ich mich entschuldigt,
wenn ich geweint habe.
Wenn ich zu ehrlich war.
Zu leise.
Zu laut.

Ich habe mich geschämt
für meine Tiefe.
Für meine Fragen.
Für meine Sehnsucht nach Klarheit.

Aber ich bin nicht falsch,
nur weil ich mehr fühle
als du ertragen konntest.

Ich bin kein Problem.
Ich bin kein Drama.
Ich bin ein Mensch
mit einem weichen Herz
und offenen Augen.

Und ich werde mich nie wieder
für das entschuldigen,
was mich echt macht.

Teil 3: Loslassen lernen

Gedanke 61 – Ich musste dich verlieren, um mich selbst zu finden

Ich habe dich festgehalten,
als wäre mein Glück von dir abhängig.
Als wärst du das Einzige,
was mich vollständig macht.

Aber du warst nicht meine Rettung.
Du warst die Ablenkung
von allem,
was ich in mir selbst nicht sehen wollte.

Ich dachte, ich verliere alles,
wenn du gehst.
Aber was ich wirklich verloren habe,
war die Illusion,
dass Liebe bedeutet,
sich selbst aufzugeben.

Jetzt lerne ich,
mich in der Stille wiederzuerkennen.
Und ich weiß:
Ich musste dich verlieren,
damit ich endlich bei mir ankomme.

Gedanke 62 – Es war kein plötzlicher Abschied. Es war ein langsames Erwachen

Ich bin nicht aufgewacht
und wusste,
dass es vorbei ist.

Es war ein schleichender Prozess.
Ein langsames Begreifen.
Wie Licht, das durch einen Vorhang fällt –
erst unscheinbar,
dann unerbittlich klar.

Ich habe dich nicht verloren
an einen anderen Menschen.
Ich habe dich verloren
an deine Angst.
An dein Schweigen.
An dein Unvermögen,
zu lieben, ohne zu flüchten.

Und während du dich entfernt hast,
bin ich wach geworden.
In kleinen Momenten.
In schmerzhaften Ahnungen.
Bis ich nicht mehr bleiben konnte,
weil ich mich selbst
nicht mehr erkannt habe.

Gedanke 63 – Loslassen heißt nicht, dass es dir egal ist

Ich habe lange gedacht,
dass Loslassen bedeutet,
dich zu vergessen.
Nicht mehr zu fühlen.
Nicht mehr zu vermissen.

Aber das stimmt nicht.

Loslassen heißt,
dich nicht mehr retten zu wollen.
Nicht mehr auf eine Nachricht zu warten,
die nie kommt.

Loslassen heißt,
zu wissen,
dass es weh tut –
und trotzdem weiterzugehen.

Nicht aus Kälte.
Sondern aus Würde.

Ich lasse dich los,
nicht weil du mir egal bist.
Sondern weil ich mir
nicht länger egal sein will.

Gedanke 64 – Ich war zu loyal gegenüber jemandem, der mich längst verlassen hatte

Ich habe dich verteidigt,
lange nachdem du mich längst
in deinem Herzen gelöscht hattest.

Ich habe an dich geglaubt,
während du nicht mal mehr
an uns gedacht hast.

Ich bin geblieben,
als du innerlich schon
alle Türen geschlossen hattest.

Das war keine Treue.
Das war Selbstaufgabe.
Und ich erkenne es jetzt.

Loyalität ist wertvoll –
aber nicht,
wenn sie nur in eine Richtung geht.
Ich will mich nicht mehr verlieren,
für jemanden,
der mich längst aufgegeben hat.

Gedanke 65 – Es ist nicht meine Aufgabe, jemanden zu überzeugen, zu bleiben

Ich habe mich bemüht.
Erklärt.
Gebettelt – leise.
Mit Blicken,
mit Gesten,
mit all den Dingen,
die ich nicht laut sagen wollte.

Ich wollte dich nicht verlieren.
Aber noch mehr
wollte ich endlich wieder
gesehen werden.

Und irgendwann hab ich's verstanden:
Wen man von sich überzeugen muss,
den hat man nie wirklich.

Liebe ist kein Verkaufsgespräch.
Kein Kampf um Aufmerksamkeit.
Wer bleiben will,
tut das freiwillig.
Und wer geht,
hat seine Antwort
bereits im Herzen getragen.

Gedanke 66 – Ich habe aufgehört, mich zu fragen, was ich falsch gemacht habe

Früher habe ich stundenlang überlegt,
wo ich zu viel war.
Oder zu wenig.

Hab Nachrichten analysiert,
mein Lachen hinterfragt,
meine Tränen verurteilt.

Ich habe mich in deine Worte hineingekniet
wie in ein Labyrinth
ohne Ausgang.

Aber heute weiß ich:
Es war nicht meine Schuld.
Ich war nicht falsch.
Ich war nur nicht das,
was du tragen konntest.

Und das ist okay.
Ich bin fertig damit,
mich klein zu denken.
Ich war genug –
nur nicht für dich.

Und das macht mich
nicht weniger wert.

Gedanke 67 – Ich habe mich zurückgezogen, nicht weil ich kalt bin, sondern weil ich müde bin

Es war keine Trotzreaktion.
Kein Spiel.
Kein Versuch, dich zu manipulieren.

Ich bin gegangen,
weil ich zu oft geblieben bin.
Weil ich zu lange gehofft habe.
Zu viele Nachrichten ohne Antwort.
Zu viele Abende mit leerem Blick.

Ich habe mich zurückgezogen,
nicht weil ich nichts mehr fühle –
sondern weil ich zu viel gefühlt habe
für jemanden,
der das nie wirklich sehen wollte.

Das Gegenteil von Liebe
ist nicht Hass.
Es ist Erschöpfung.
Und ich war müde
von allem,
was ich versucht habe,
in deinem Schweigen zu finden.

Gedanke 68 – Loslassen ist kein Mut, den man plötzlich hat – es ist ein Entschluss, den man langsam lernt

Ich dachte immer,
Loslassen sei ein Moment.
Ein Entschluss,
ein klarer Schnitt.

Aber es ist viel mehr.
Es ist ein tägliches Üben.
Ein Erinnern,
ein Rückfallen,
ein Weitergehen.

Ich falle zurück
in Gedanken,
in Erinnerungen,
in dieses „Was wäre wenn?".

Und trotzdem gehe ich weiter.
Nicht schnell.
Nicht ohne Schmerz.
Aber Schritt für Schritt
zurück zu mir.

Loslassen ist kein Beweis von Stärke.
Es ist ein stiller Beweis
von Selbstachtung.

Gedanke 69 – Ich will keine Liebe, die ich mir verdienen muss

Ich war bereit, alles zu geben.
Aber Liebe ist kein Preis,
den man sich erarbeitet.

Ich will keine Liebe,
die nur dann kommt,
wenn ich „richtig" bin.
Wenn ich leise bin.
Wenn ich stark bin.

Ich will eine Liebe,
die bleibt,
wenn ich zerbreche.
Die sieht,
wenn ich mich verstecke.
Die bleibt,
auch wenn es unbequem wird.

Und bis ich sie finde,
bleibe ich bei mir.
Weil ich keine Liebe mehr will,
die mich kostet,
was mich selbst ausmacht.

Gedanke 70 – Ich habe aufgehört, mich an deinem Schweigen zu messen

Lange dachte ich,
du redest nicht,
weil ich etwas falsch gemacht habe.

Ich habe mich zerrissen,
um eine Reaktion zu provozieren.
Ein Wort. Ein Blick.
Irgendetwas.

Aber du hast geschwiegen.
Nicht aus Unsicherheit,
sondern aus Bequemlichkeit.

Und ich?
Ich habe in deinem Schweigen
meinen Selbstwert gesucht.
Und nichts gefunden.

Heute weiß ich:
Wer schweigt,
sagt auch etwas.
Und ich höre jetzt wieder mehr
auf mich
als auf das,
was du mir nie gesagt hast.

Gedanke 71 – Ich vermisse nicht dich. Ich vermisse die Idee von dir

Wenn ich ganz ehrlich bin,
vermiss ich dich nicht.
Nicht den Menschen,
der mich ignoriert hat.
Nicht den,
der nie gefragt hat,
wie es mir wirklich geht.

Ich vermisse die Vorstellung,
wie du hättest sein können.
Wie wir hätten sein können.
Wenn du geblieben wärst.
Wenn du ehrlich gewesen wärst.

Ich habe mich in eine Idee verliebt.
Nicht in dich.
Und jetzt lasse ich los,
nicht dich,
sondern meine Illusion.
Und das ist schwer.
Aber es macht mich frei.

Gedanke 72 – Ich habe gelernt, dass Liebe sich nicht beweisen muss

Ich habe geglaubt,
ich müsse kämpfen.
Stark sein.
Geduldig.
Verzeihend.

Aber echte Liebe
muss sich nicht ständig erklären.
Nicht rechtfertigen.
Nicht durchhalten.

Sie ist einfach da.
Auch an schlechten Tagen.
Auch in der Stille.
Auch wenn niemand perfekt ist.

Du hast mich nie lieben können,
ohne Bedingungen.
Und ich war zu lange bereit,
das für Liebe zu halten.

Aber ich habe gelernt:
Wer dich wirklich liebt,
fragt nicht,
ob du zu viel bist –
sondern hält dich genau dort,
wo du gerade bist.

Gedanke 73 – Ich habe aufgehört, zu hoffen, dass du es irgendwann verstehst

Früher hab ich mir vorgestellt,
wie du da sitzt –
irgendwann,
an einem regnerischen Abend,
und alles begreifst.

Wie du mich siehst.
Endlich.
Wie du erkennst,
was du verloren hast.

Ich habe diese Szene
tausendmal durchgespielt.
Weil ich dachte,
dein spätes Verstehen
könnte meinen Schmerz heilen.

Aber heute weiß ich:
Ich brauche dein Erkennen nicht.
Ich brauche nicht dein „Es tut mir leid".
Ich brauche mich.
Ganz.
Jetzt.

Und ich höre auf zu hoffen,
dass du etwas einsiehst,
was du nie gefühlt hast.

Gedanke 74 – Ich darf gehen, auch wenn ich keinen Abschluss bekomme

Du hast nichts gesagt.
Kein „Ich bin weg".
Kein „Es war schön".
Kein „Es tut mir leid".

Nur Leere.
Nur ein schleichendes Verschwinden,
das mich zerrissen hat,
weil ich immer dachte,
es fehlt noch etwas.

Ein Wort.
Ein Abschluss.
Ein letzter Blick.

Aber den gibt es nicht.
Und das ist okay.

Ich darf trotzdem gehen.
Auch ohne Punkt.
Auch ohne Erklärung.
Auch ohne dass du verstehst,
was du in mir hinterlassen hast.

Mein Frieden
kommt nicht von dir.
Sondern von mir.

Gedanke 75 – Ich lerne, mich selbst zu wählen

Ich habe so oft dich gewählt.
Deine Stimmung.
Deinen Rückzug.
Deine Bedürfnisse.

Und meine?
Die hab ich angepasst.
Geschluckt.
Zurückgestellt.

Ich wollte, dass du bleibst.
Und dafür bin ich
immer ein bisschen mehr
von mir selbst weggegangen.

Aber jetzt wähle ich anders.
Jetzt wähle ich mich.
Meine Klarheit.
Meine Grenzen.
Meine Würde.

Nicht, weil ich egoistisch bin.
Sondern, weil ich endlich verstanden habe:
Wer sich selbst nicht wählt,
wird nie ganz gewählt.

Gedanke 76 – Ich will keine Liebe mehr, die mich auslaugt

Ich war müde.
Nicht nur körperlich –
sondern in der Seele.

Du hast mich nicht angeschrien.
Du hast mich nicht verletzt –
nicht sichtbar.
Aber du hast mich leer gemacht.

Mit jedem „Ich weiß nicht".
Mit jedem „Mal schauen".
Mit jedem Blick,
der an mir vorbeiging,
obwohl ich direkt vor dir stand.

Ich will keine Liebe mehr,
bei der ich mich selbst vergesse.
Ich will keine Beziehung,
in der ich alleine wach bleibe.

Liebe darf sich nicht wie ein Kraftakt anfühlen.
Sie darf fordern –
aber sie muss auch tragen.

Gedanke 77 – Ich bin nicht mehr die, die wartet

Früher war ich immer die,
die gewartet hat.

Auf deine Nachricht.
Auf dein Nachdenken.
Auf ein Zeichen,
dass du es vielleicht doch ernst meinst.

Ich habe das Handy nicht aus der Hand gelegt,
den ganzen Tag in einer Erwartung,
die nie erfüllt wurde.

Aber irgendwann habe ich gemerkt,
dass das Warten
mich kleiner macht.
Langsamer.
Leiser.

Und jetzt?
Jetzt bin ich nicht mehr die, die wartet.
Ich bin die, die weitergeht.
Mit leeren Händen –
aber aufrechtem Blick.

Gedanke 78 – Ich räume dich aus meinem Leben. Stück für Stück

Nicht in einem großen Knall.
Nicht mit Wut.
Nicht mit Drama.

Sondern leise.
Bedacht.
Konsequent.

Ich lösche alte Chats.
Verstaue die Fotos.
Höre die Lieder nicht mehr,
bei denen du in meinem Kopf erscheinst.

Ich räume dich aus meinem Leben,
nicht weil ich dich hasse.
Sondern weil ich mich zurückholen will.

Du warst ein Kapitel.
Aber ich will kein ganzes Buch
mit einem Ende,
das mir nicht guttut.

Gedanke 79 – Ich vergebe dir. Nicht, weil du es verdienst, sondern weil ich Frieden will

Ich habe dich lange in mir getragen.
Mit Wut.
Mit Enttäuschung.
Mit all den Fragen,
die du nie beantwortet hast.
Ich habe dir Gespräche gewünscht,
die klären.
Worte, die versöhnen.
Reue, die heilt.
Aber sie kamen nie.
Und vielleicht kommen sie auch nie.
Also vergebe ich dir –
nicht laut,
nicht mit einer Nachricht,
nicht mit einem großen Moment.
Sondern still.
In mir.
Für mich.
Ich vergebe dir,
weil ich sonst weiter
in deiner Geschichte gefangen bleibe.
Und ich will frei sein.
Für meine eigene.

Gedanke 80 – Ich habe den letzten Satz selbst geschrieben

Du hast gegangen gespielt,
ohne es auszusprechen.
Ich habe gewartet,
dass du etwas sagst.
Irgendetwas.

Aber du hast mich zurückgelassen
mit offenen Fragen
und stillen Vorwürfen.

Und irgendwann
habe ich verstanden:
Wenn du den letzten Satz nicht sprichst,
dann schreibe ich ihn eben selbst.

Nicht aus Trotz.
Nicht aus Stolz.
Sondern, weil ich nicht mehr will,
dass jemand anderes
über mein Ende bestimmt.

Ich habe die Geschichte beendet.
Und morgen beginnt eine neue.
Mit mir als Hauptfigur.

Teil 4 – Die Reise zu dir selbst

Gedanke 81 – Ich komme langsam wieder bei mir an

Nicht mit einem Knall.
Nicht mit Applaus.
Nicht mit einem „Jetzt ist alles gut".

Sondern leise.
Unmerklich zuerst.
Wie Sonnenlicht,
das durch geschlossene Lider fällt.

Ich spüre mich wieder.
In kleinen Momenten.
Beim Atmen.
Beim Lachen,
das nicht mehr nur gespielt ist.

Ich komme langsam bei mir an.
Und auch wenn der Weg
nicht gerade war –
ich bin stolz,
dass ich ihn gehe.
Für mich.

Gedanke 82 – Ich bin nicht mehr auf der Suche nach Liebe – ich bin auf dem Weg zu mir

Früher dachte ich,
jemand müsste kommen
und mich ganz machen.

Jemand, der mich sieht,
mich will,
mich rettet.

Aber ich suche nicht mehr nach Rettung.
Nicht mehr nach einem Zuhause in jemand
anderem.

Ich baue es in mir.
Mit jedem Tag.
Mit jeder Entscheidung,
die sich nach mir anfühlt.

Ich bin nicht mehr auf der Suche.
Ich bin auf dem Weg.
Und der führt nicht zu dir.
Sondern zu mir.

Gedanke 83 – Ich darf neu anfangen, auch wenn es niemand versteht

Manche sagen:
„Jetzt ist aber auch mal gut."
„Vergiss ihn endlich."
„Schau nach vorne."

Aber sie wissen nicht,
wie tief manche Dinge gehen.
Wie lange es dauert,
sich selbst wieder zu vertrauen.

Ich lasse mir Zeit.
Nicht, weil ich schwach bin.
Sondern, weil ich achtsam bin
mit meinem Herzen.

Und ja –
ich fange neu an.
Mit zitternden Schritten,
aber aufrecht.

Ich muss nicht erklären,
warum ich wieder von vorn beginne.
Ich darf einfach loslaufen.
In meine Richtung.

Gedanke 84 – Ich lerne, mich zu halten, wenn es weh tut

Früher habe ich gewartet,
dass jemand kommt
und mich auffängt.
Mich tröstet.
Mich heilt.

Heute setze ich mich hin,
wenn es zu viel wird.
Halte meine eigenen Hände.
Atme tief.
Weine – ohne mich dafür zu schämen.

Ich renne nicht mehr davon,
wenn es weh tut.
Ich bleibe bei mir.

Und manchmal ist das das Mutigste,
was man tun kann:
Nicht wegzulaufen.
Sich selbst zu halten.
Und zu sagen:
„Ich bin da. Für mich."

Gedanke 85 – Ich bin stolz auf mich. Auch ohne Applaus

Niemand hat gesehen,
wie oft ich gezittert habe.
Wie viele Nächte ich wach lag.
Wie sehr ich kämpfen musste,
um morgens aufzustehen.

Es gab keine Medaille
für mein Durchhalten.
Kein Schulterklopfen
für mein Weitermachen.

Aber ich war da.
Für mich.
Und ich bin geblieben,
auch wenn ich mich selbst
manchmal kaum erkannt habe.

Und das reicht.
Das ist genug.
Ich bin stolz auf mich –
auch wenn es niemand sagt.

Gedanke 86 – Ich mache mich nicht mehr klein, damit andere bleiben

Ich habe mich oft zurückgenommen.
Leiser gemacht.
Angepasst.
Gedacht, dass Liebe heißt,
Platz zu machen für die,
die weniger fühlen.

Aber nicht mehr.

Ich will keine Liebe,
die mich nur mag,
wenn ich mich verstelle.
Ich will kein Leben,
in dem ich mich selbst verliere,
damit jemand anderes sich wohlfühlt.

Ich bin nicht zu viel.
Ich bin nur nicht mehr bereit,
mich zu halbieren,
damit jemand anderes bleibt.

Gedanke 87 – Ich entdecke Seiten an mir, die du nie sehen wolltest

Es ist verrückt,
wie viel von mir übrig blieb,
nachdem du gegangen bist.

Nicht nur Schmerz.
Auch Stärke.
Neugier.
Ein Funkeln,
das ich fast vergessen hatte.

Ich entdecke Seiten an mir,
die du übersehen hast.
Oder nicht sehen wolltest,
weil sie nicht in dein Bild gepasst haben.

Ich war nie zu kompliziert.
Du warst nur zu bequem,
dich mit meiner Tiefe zu befassen.

Und weißt du was?
Ich bin nicht weniger geworden.
Ich bin endlich vollständig.

Gedanke 88 – Ich höre wieder auf meine innere Stimme

So lange war es laut in mir.
Deine Worte.
Deine Zweifel.
Deine Stille.

Ich habe nicht mehr gewusst,
was ich denke –
oder nur, was du von mir hältst.

Aber jetzt ist es stiller geworden.
Nicht leer –
sondern klar.

Ich höre mich wieder.
Meine Stimme,
die sanft sagt:
„Du darfst.
Du musst nicht.
Du bist gut, so wie du bist."

Und diese Stimme
fühlt sich an wie Heimkommen.

Gedanke 89 – Ich bin nicht mehr in Konkurrenz mit deinem Verlust

Früher habe ich mich ständig
mit deinem Fehlen verglichen.
Was schwerer wiegt.
Was lauter ist.
Was mehr zählt.

Ich dachte,
wenn ich genug leide,
spüre ich dich noch.

Aber heute weiß ich:
Dein Fehlen
definiert mich nicht mehr.
Ich muss mich nicht mehr
über den Schmerz erklären.

Ich bin wieder ich –
nicht, weil du weg bist,
sondern, weil ich aufgehört habe,
gegen deinen Schatten anzukämpfen.

Gedanke 90 – Ich beginne, mich ohne Spiegelbild zu mögen

Früher mochte ich mich nur,
wenn du es mir gezeigt hast.
Wenn du gesagt hast: „Du bist schön."
Wenn du mich angeschaut hast,
als wäre ich genug.

Aber ich will kein Kompliment sein.
Ich will kein Echo von außen.
Ich will mich sehen,
auch wenn niemand hinschaut.

Also übe ich.
Nicht vor dem Spiegel,
sondern in Momenten,
in denen ich mich spüre.
Wenn ich etwas sage und mir zuhöre.
Wenn ich lache und es echt klingt.

Ich beginne, mich zu mögen –
nicht wegen dir,
nicht wegen Likes,
sondern weil ich langsam erkenne,
wer da in mir wohnt.

Gedanke 91 – Ich muss nichts erreichen, um wertvoll zu sein

Ich war so oft im Rennen.
Schneller.
Besser.
Mehr.

Ich dachte, ich bin nur liebenswert,
wenn ich funktioniere.
Wenn ich was leiste.
Wenn ich niemandem zur Last falle.

Aber heute sitze ich hier –
mit ungekämmten Haaren
und müden Augen –
und weiß:
Ich bin trotzdem wertvoll.

Ich muss nichts beweisen.
Kein Ziel erreichen.
Kein „Mehr" sein,
um zu genügen.

Ich bin.
Und das reicht.

Gedanke 92 – Ich brauche keine Antworten mehr, um weiterzugehen

Ich hab so lange gewartet
auf Erklärungen.
Warum du gegangen bist.
Ob es echt war.
Ob es an mir lag.

Ich wollte wissen.
Alles.
Weil ich dachte,
Verstehen bringt Frieden.

Aber jetzt gehe ich.
Ohne dass alles geklärt ist.
Ohne dass ich alles einordnen kann.

Denn manchmal ist die stärkste Antwort:
„Ich weiß es nicht.
Aber ich gehe trotzdem weiter."
Und plötzlich
wird der nächste Schritt
leichter als all das Warten davor.

Gedanke 93 – Ich musste loslassen, weil es mich kaputt gemacht hat

Es war nicht „nur schwierig".
Es war nicht „manchmal kompliziert".
Es war zu viel.
Für mein Herz. Für meine Seele. Für mein Selbstwertgefühl.

Du hast nicht geschrien.
Aber du hast manipuliert.
Du hast mich klein gemacht mit deinem Schweigen.
Mit deinem ständigen „So hab ich das nicht gemeint".
Mit deinem Gaslicht,
das mich glauben ließ,
dass ich zu empfindlich bin.

Ich habe mich verloren,
nicht auf einmal,
sondern Stück für Stück.

Und irgendwann wusste ich:
Liebe darf wehtun -
aber sie darf nicht zerstören.
Ich bin gegangen,
weil ich überleben wollte.

Gedanke 94 – Sie hat es gesehen, bevor ich es zugeben konnte

Meine beste Freundin hat es gespürt.
In meinem Lächeln,
das nicht mehr echt war.
In meiner Stimme,
die brach, wenn ich sagte: „Es passt schon."

Sie hat gewarnt –
nicht laut,
sondern mit Blicken,
die ehrlich waren.

Und ich?
Ich habe sie ignoriert,
weil ich die Wahrheit
noch nicht ertragen konnte.

Heute danke ich ihr.
Weil sie geblieben ist,
als ich mich selbst verlor –
und mich zurückgeliebt hat,
bis ich wieder ehrlich zu mir war.

Gedanke 95 – Ich habe dich idealisiert, weil ich mich selbst vergessen hatte

Ich habe dich nicht gesehen,
wie du wirklich warst.
Ich habe dich gesehen,
wie ich dich gebraucht habe.

Sanfter, als du warst.
Tiefer, als du fühlen konntest.
Ehrlicher, als du je warst.

Ich habe dich idealisiert,
weil meine eigene Unsicherheit
nach etwas greifen wollte.
Weil ich lieber geträumt habe
als gespürt,
wie sehr ich mich in dir verloren habe.

Jetzt bin ich wach.
Nicht bitter.
Nicht wütend.
Nur klar.

Du warst nicht das,
was ich gesucht habe.
Ich war nur zu verletzt,
um das rechtzeitig zu sehen.

Gedanke 96 – Ich bin kein Projekt. Ich bin ein Mensch

Ich wollte nicht repariert werden.
Nicht analysiert.
Nicht therapiert,
von jemandem,
der selbst keine Ahnung hatte,
wer er eigentlich ist.

Ich war kein Rätsel.
Ich war einfach nur ich.
Mit Gefühlen,
die du als zu viel abgetan hast.
Mit Gedanken,
die dir zu ehrlich waren.

Aber weißt du was?
Ich will niemanden mehr,
der mich „aushält".
Ich will jemanden,
der mich feiert.
Der nicht an mir rumschraubt,
sondern bleibt,
weil ich genau so genug bin.

Ich bin kein Projekt.
Ich bin ein verdammtes Wunder.

Gedanke 97 – Ich will nicht mehr warten, bis jemand mich liebt

Ich habe so lange gewartet.
Auf Zeichen.
Auf Worte.
Auf ein „Ich hab's mir überlegt".

Ich habe mir Geschichten gebaut,
damit es irgendwie Sinn ergibt,
dass du mich nicht wählen konntest.

Aber weißt du was?
Ich will nicht mehr
in dieser Warteschleife leben.
Ich will kein „vielleicht",
keine halben Herzen,
keine ungeklärten Gefühle.

Ich will kein Bett,
in dem ich mich allein fühle,
nur weil jemand daneben liegt.

Ich will Liebe –
ja.
Aber nicht mehr auf Abruf.
Nicht mehr als Kompromiss.
Nicht mehr,
wenn ich mich dabei selbst verliere.

Gedanke 98 – Es wird heller in mir

Nicht plötzlich.
Nicht laut.
Aber spürbar.

Wenn ich morgens aufwache
und mein erster Gedanke
nicht mehr du bist.

Wenn ich lache
und es nicht schmerzt,
dass du es nicht hörst.

Wenn ich durch alte Nachrichten scrolle
und mich frage,
wer dieses traurige Mädchen war,
die um etwas gebettelt hat,
das sich Liebe nennen wollte.

Es wird heller in mir.
Und nein –
ich bin noch nicht angekommen.
Aber ich gehe weiter.
Und ich gehe nicht zurück.

Gedanke 99 – Ich verzeihe mir, dass ich geblieben bin

Ich war nicht naiv.
Ich war hoffnungsvoll.
Ich war nicht dumm.
Ich war verliebt.
Ich bin geblieben,
als du längst gegangen warst.
Habe Ausreden gesucht,
für alles, was keine war.
Und ja,
ich hätte früher gehen können.
Früher erkennen können.
Früher fühlen können.
Aber ich war nicht bereit.
Und das ist okay.
Heute sage ich:
Es war nicht falsch,
zu bleiben.
Es wäre nur falsch,
mich jetzt dafür zu verurteilen.
Ich verzeihe mir.
Weil ich es damals
nicht besser konnte.
Und heute endlich weiß,
dass ich mehr verdient habe.

Gedanke 100 – Ich muss nicht erklären, warum ich keinen Kontakt mehr will

Es ist keine Reaktion aus Hass.
Keine kindische Trotzphase.
Es ist Selbstschutz.

Ich muss nicht alles
friedlich beenden.
Ich muss nicht jedes Kapitel
gemeinsam schließen.

Manche Türen
bleiben besser zu.
Nicht aus Kälte –
aus Klarheit.

Ich schulde niemandem
Zugang zu mir,
nur weil wir mal Nähe hatten.

Mein Schweigen
ist keine Einladung zur Interpretation.
Es ist meine Entscheidung,
endlich Frieden zu haben.

Gedanke 101 – Ich schaue nicht mehr zurück

Ich habe lange zurückgeblickt.
In jedes Detail.
In jedes „Was wäre gewesen, wenn …"
In jede Erinnerung,
die sich besser anfühlte als die Realität.

Aber ich bin müde
vom Zurück.

Ich will nicht mehr
durchs Altglas meiner Vergangenheit
nach Zukunft suchen.

Ich schaue nach vorn –
nicht, weil ich vergesse,
was war,
sondern weil ich endlich sehe,
wer ich gerade werde.

Und das ist schöner
als alles,
was hinter mir liegt.

Gedanke 102 – Ich habe nicht aufgehört zu fühlen – ich habe gelernt, mich zu schützen

Früher dachte ich,
wenn ich weniger fühle,
tut es weniger weh.
Also hab ich Mauern gebaut.
Nicht gegen dich,
sondern gegen mich selbst.
Hab Gefühle runtergeschluckt,
um stark zu wirken.
Hab gelächelt,
damit niemand merkt,
wie leer ich war.
Aber das war kein Schutz.
Das war Selbstverrat.
Heute lerne ich:
Ich darf fühlen.
Ich darf traurig sein.
Ich darf enttäuscht sein –
aber ich darf auch gehen,
ohne dabei innerlich zu zerbrechen.
Es ist kein Widerspruch:
Ich fühle tief.
Und ich schütze mich trotzdem.

Gedanke 103 – Ich bin nicht mehr wütend auf dich. Ich bin traurig über mich

Nicht weil ich schwach war.
Sondern weil ich mich so weit
von mir entfernt habe,
um dir nahe zu sein.

Ich habe dich überhöht
und mich dabei übersehen.
Ich habe um deine Aufmerksamkeit gekämpft
und dabei meine eigene Würde verloren.

Ich bin nicht mehr wütend.
Wut ist laut.
Und ich bin still geworden.

Still, weil ich trauere
um das Mädchen,
das sich selbst nicht gehört hat.

Aber ich verspreche ihr:
Ich lasse sie nie wieder allein.
Nie wieder hinten.
Nie wieder unsichtbar.

Gedanke 104 – Ich lerne, mir selbst zu genügen

Ich habe lange geglaubt,
jemand müsste kommen
und mich vollständig machen.

Ich habe Beziehungen geführt
wie Bewerbungen.
Mich angepasst.
Mich verbessert.
Mich leiser gemacht.

Aber ich will kein halber Mensch sein,
der auf Ergänzung wartet.
Ich will ganz sein.
Allein.
Mit mir.

Ich will wieder wissen,
was ich mag,
ohne dass es jemand bestätigt.
Ich will mir reichen.
Nicht für immer –
aber für jetzt.

Und das ist ein Anfang.
Ein guter.

Gedanke 105 – Ich bin nicht gebrochen. Ich bin im Werden

Es fühlt sich manchmal an,
als wäre alles in mir kaputt.
Zerkratzt.
Zerdrückt.
Zerbrochen.

Aber ich bin nicht zerbrochen.
Ich bin im Wandel.
Im Prozess.
In der leisen Metamorphose
zur Frau,
die sich selbst glaubt,
selbst hält,
selbst gehört.

Und das tut weh,
ja.
Weil Wachsen wehtut.
Aber es bringt auch Weite.
Tiefe.
Wahrheit.

Ich bin nicht kaputt.
Ich bin unterwegs.

Gedanke 106 – Ich darf weich sein, und trotzdem stark

Lange dachte ich,
Stärke heißt: hart sein.
Nicht weinen.
Nicht brauchen.
Nicht zweifeln.

Aber ich will nicht mehr stark sein
auf Kosten meiner Sanftheit.

Ich bin weich.
Ich fühle.
Ich liebe tief.
Ich weine schnell.
Ich spüre alles –
und trotzdem stehe ich noch.

Stärke ist nicht das,
was du zeigst,
wenn alle hinschauen.
Sondern das,
was dich aufrecht hält,
wenn niemand sieht,
wie sehr du zitterst.

Ich bin weich.
Und genau das
macht mich unzerstörbar.

Gedanke 107 – Ich bin nicht mehr auf der Suche nach einem Zuhause – ich baue mir eins

Ich habe so lange gehofft,
jemand nimmt mich an die Hand
und sagt: „Hier bist du richtig."

Aber jedes Zuhause,
das ich mir erträumt habe,
war immer jemand anderes.

Jetzt baue ich selbst.
Langsam.
Mit kleinen Gesten.
Mit eigenen Entscheidungen.
Mit Grenzen,
die mich schützen.

Ich dekoriere nicht mehr fremde Leben.
Ich richte mich in meinem ein.

Es ist vielleicht noch leer.
Vielleicht noch leise.
Aber es gehört mir.

Und zum ersten Mal
fühlt sich das nicht einsam an –
sondern ehrlich.

Gedanke 108 – Ich bin nicht mehr, wer ich war. Und das ist gut so

Ich erkenne mich manchmal nicht wieder.
Und früher hätte mich das erschreckt.

Heute weiß ich:
Veränderung ist keine Bedrohung.
Es ist Befreiung.

Ich bin nicht mehr die,
die sich klein gemacht hat,
um geliebt zu werden.
Nicht mehr die,
die andere gerettet hat
und sich selbst dabei vergessen hat.

Ich bin weicher geworden.
Und klarer.
Weniger bereit,
mich zu verlieren.
Mehr bereit,
mir selbst treu zu bleiben.

Ich bin nicht mehr, wer ich war.
Und genau das
ist mein größtes Wachstum.

Gedanke 109 – Ich danke mir, dass ich geblieben bin

Nicht bei dir.
Nicht bei der Erinnerung.
Nicht bei der Hoffnung.

Sondern bei mir.

Ich danke mir,
dass ich durchgehalten habe.
Dass ich nicht aufgegeben habe,
als alles in mir
nach Rückzug geschrien hat.

Ich danke mir für jeden Tag,
an dem ich aufgestanden bin,
auch wenn ich lieber
unter der Decke verschwunden wäre.

Ich danke mir
für meine Tränen,
für meine Worte,
für mein Herz,
das nie aufgehört hat zu schlagen,
selbst als alles zu leise war.

Ich danke mir,
weil ich geblieben bin.
Und das war der mutigste Schritt von allen.

Gedanke 110 – Ich liebe mich. Nicht laut. Aber ehrlich.

Es ist kein Feuerwerk.
Kein plötzlicher Moment.
Keine große Geste.

Es ist ein Flüstern.
Ganz leise:
„Ich bin okay."
„Ich darf sein."
„Ich genüge."

Ich liebe mich nicht perfekt.
Aber echt.

Wenn ich mich lache,
wenn ich Fehler mache,
wenn ich zweifle –
und trotzdem weitergehe.

Ich liebe mich.
Nicht für andere.
Nicht, um etwas zu beweisen.
Sondern, weil ich mich wieder sehe.

Und diese Liebe?
Sie bleibt.

Briefe an dich

Brief 1 – Für dich, die du dich gerade selbst nicht wiedererkennst

Du schaust in den Spiegel und fragst dich:
Wer ist das da?
Dieses müde Mädchen mit dem flackernden
Blick,
das mal leuchtete und jetzt einfach nur
funktioniert.

Du hast so viel gegeben.
So viel gehalten.
So viel ausgehalten.
Und irgendwo auf dem Weg
bist du dir selbst abhandengekommen.

Aber weißt du was?
Du bist nicht weg.
Du bist nur leise geworden.
Und leise ist nicht gleich verloren.

Du darfst dich langsam wiederfinden.
In Momenten,
in Musik,
in Gedanken,
die sich nach dir anfühlen.

Du musst nicht sofort zurückstrahlen.
Du darfst flackern.
Du darfst dir Zeit lassen.
Und du darfst dich wieder lieben lernen.
Nicht weil du „genug" bist –
sondern weil du schon immer wertvoll warst,
selbst in deinem Zweifel.

Brief 2 – Für dich, die nachts nicht einschlafen kann

Du liegst da.
Die Welt schläft.
Nur dein Kopf ist hellwach.
Mit Erinnerungen,
mit Fragen,
mit Gedanken,
die einfach nicht still sein wollen.

Du drehst dich zur Seite,
schließt die Augen,
und doch ist da wieder dieser Stich –
nach ihm.
Nach dem, was war.
Nach dem, was nie ausgesprochen wurde.

Und ich wünschte,
ich könnte dir in diesem Moment sagen:
Es wird besser.
Nicht plötzlich.
Nicht perfekt.
Aber besser.

Dein Herz heilt gerade,
auch wenn es sich nicht so anfühlt.
Deine Gedanken sortieren sich,
auch wenn sie sich chaotisch anfühlen.
Du bist nicht zerbrochen.
Du bist nur mitten im Fühlen.

Und das ist mutiger,
als du gerade glaubst.

Brief 3 – Für dich, die sich für ihre Gefühle schämt

Du denkst, du bist zu sensibel.
Zu weich.
Zu intensiv.
Und vielleicht hat dir jemand genau das gesagt.
Vielleicht hast du dich dafür geschämt,
dass du weinst,
wenn andere schweigen.
Dass du fragst,
wo andere wegsehen.

Aber deine Gefühle sind kein Fehler.
Sie sind kein Zuviel.
Sie sind ein Beweis dafür,
dass du lebst.
Echt.
Tief.
Mit Herz.

Die Welt braucht Menschen wie dich.
Die fühlen,
was andere verdrängen.
Die lieben,
auch wenn sie wissen, wie weh das tun kann.

Schäm dich nicht.
Du bist nicht kompliziert.
Du bist komplett.
Und du darfst fühlen –
alles.

Brief 4 – Für dich, die alles für ihn getan hat

Du hast dich selbst zurückgestellt.
Hast gewartet. Gehofft. Getragen.
Du hast alles gegeben,
was du hattest –
und noch ein bisschen mehr.

Du warst loyal,
auch als er längst unsichtbar geworden ist.
Du hast Pläne gemacht,
die er nie sehen wollte.
Träume geteilt,
die ihn nicht interessiert haben.

Und jetzt fühlst du dich leer.
Ausgelaugt.
Und irgendwo auch beschämt,
dass du so viel gegeben hast –
für so wenig.

Aber weißt du was?
Deine Liebe war nicht falsch.
Sie war nur fehl am Platz.

Du musst dich nicht schämen für dein Herz.
Nur lernen, es nicht mehr an Menschen zu
verschenken,
die nie vorhatten, es zu halten.

Brief 5 – Für dich, die zu früh erwachsen sein musste

Du hast zu früh gelernt,
stark zu sein.
Hast Verantwortung getragen,
die zu schwer war für deine Schultern.

Du warst die,
die verstanden hat,
die geschwiegen hat,
die immer funktioniert hat –
auch wenn du innerlich geschrien hast.

Vielleicht hast du gelernt,
nicht zu viel zu wollen.
Nicht zu laut zu sein.
Nicht zu stören.

Aber du darfst heute laut sein.
Unperfekt.
Wundervoll.
Kindlich, weich, wild.

Du darfst dich nachholen.
Alles, was dir zu früh genommen wurde.
Du bist nicht zu spät.
Du bist genau richtig.
Und du bist nicht schuld
an dem, was andere dir nicht geben konnten.

Brief 6 – Für dich, die denkt, sie ist nicht genug

Vielleicht schaust du dich an
und findest nur Makel.
Vergleichst dich ständig.
Mit Freundinnen.
Mit fremden Gesichtern.
Mit einer Version von dir,
die es so nie geben wird.

Du denkst, du musst anders sein.
Schöner.
Ruhiger.
Witziger.
Einfach... mehr.

Aber das ist eine Lüge.
Eine, die sich tief festsetzt
in zarten Herzen.

Du bist nicht zu wenig.
Du bist nicht falsch.
Du bist nicht ein „bald mal genug".

Du bist jetzt schon wundervoll.
Weil du fühlst.
Weil du da bist.
Weil du lebst.
Und weil du nicht aufgibst –
auch wenn du's manchmal gerne würdest.

Brief 7 – Für dich, die ständig stark sein soll

Du bist die,
die alle um Rat fragen.
Die immer funktioniert.
Die hilft, trägt, hält.

Und oft merkst du gar nicht,
wie schwer deine eigene Last geworden ist.

Du willst niemanden belasten.
Also schluckst du's runter.
Lächelst.
Machst weiter.

Aber wer hält dich?
Wer fragt dich:
„Wie geht's dir wirklich?"

Du musst nicht alles allein schaffen.
Du darfst loslassen.
Darfst weich sein.
Darfst auch mal nicht klarkommen.

Stärke heißt nicht,
immer durchzuziehen.
Stärke heißt manchmal:
Sich fallen lassen.
Und wissen,
dass man sich selbst wieder aufheben kann.

Brief 8 – Für dich, die losgelassen hat – und jetzt nicht weiß, wohin

Du hast ihn gehen lassen.
Weil es nicht mehr ging.
Weil du gemerkt hast,
dass es dich kaputt macht.
Und jetzt stehst du da.
Mit leeren Händen
und einem vollen Herzen,
das nicht weiß,
wohin mit all dem,
was es noch fühlt.
Es ist okay,
dass du dich verloren fühlst.
Dass du zweifelst.
Dass du manchmal zurück willst,
obwohl du weißt,
warum du gegangen bist.
Loslassen tut weh.
Nicht nur, weil jemand fehlt –
sondern weil du dich selbst
neu finden musst.
Und das wirst du.
Langsam.
Ehrlich.
Auf deinem Weg.

Brief 9 – Für dich, die sich nach echtem Halt sehnt

Du willst jemanden,
der bleibt.
Der nicht geht,
wenn du ehrlich wirst.

Jemanden,
bei dem du nicht stark sein musst,
um liebenswert zu sein.

Und ich verstehe das.
Denn tiefe Herzen
sehnen sich nach Sicherheit.

Aber bevor jemand anders dich hält,
musst du wissen,
wie es sich anfühlt,
von dir selbst gehalten zu werden.

Wenn du lernst,
dir selbst ein Zuhause zu sein,
wird niemand mehr die Macht haben,
dich zu entwurzeln.

Brief 10 – Für dich, die langsam beginnt, sich selbst zu lieben

Es fühlt sich ungewohnt an.
Fast fremd.
Diese Zärtlichkeit mit dir selbst.
Dieses „Ich bin okay".

Früher hast du dich zerrissen
für Liebe.
Heute fängst du an,
dich zusammenzusetzen –
nicht perfekt,
aber liebevoll.

Du machst kleine Schritte.
Sagst Nein,
wo du früher geschwiegen hast.
Bleibst,
wo du dich früher versteckt hast.

Und genau das
ist Selbstliebe.
Nicht laut.
Nicht glänzend.
Aber ehrlich.
Und sie beginnt genau da,
wo du dich zum ersten Mal
nicht mehr verlassen willst.

Brief 11 – Für dich, die sich immer zu sehr fühlt

Du denkst, du bist zu intensiv.
Zu laut.
Zu schnell verletzt.
Zu tief.

Du fragst dich,
warum du alles zehnmal fühlst,
was andere nur streifen.

Aber deine Tiefe ist kein Makel.
Sie ist ein Geschenk.
Nicht jeder kann durch dunkle Zeiten gehen
und dabei das Licht in sich bewahren.
Du kannst das.
Auch wenn es weh tut.

Fühl weiter.
Tief. Echt.
Auch wenn andere flach bleiben.

Denn was du in dir trägst,
reicht für ein ganzes Leben –
und noch für viele Herzen mehr.

Brief 12 – Für dich, die sich selbst nicht mehr glaubt

Du hast so oft gehört,
dass du übertreibst.
Dass du empfindlich bist.
Dass du falsch liegst.

Irgendwann hast du angefangen,
dir selbst zu misstrauen.

Deinem Gefühl.
Deiner Intuition.
Deiner Wahrheit.

Aber du hast nicht übertrieben.
Du hast gespürt.
Mehr als andere.
Klarer. Früher. Wahrer.

Und das war nicht dein Fehler.
Sondern deine Stärke.

Du darfst dir wieder glauben.
Nicht weil andere es sagen,
sondern weil du weißt,
was du fühlst.
Und das zählt.

Brief 13 – Für dich, die still leidet

Du redest kaum darüber.
Lächelst.
Sagst: „Alles gut."
Aber es ist nicht gut.

Du bist verletzt.
Und du versteckst es,
weil du niemandem zur Last fallen willst.

Doch du bist keine Last.
Du bist ein Mensch mit einem Herzen,
das vielleicht gerade schwer ist –
aber wertvoll bleibt.

Du musst nicht schreien,
um gehört zu werden.
Manchmal reicht es,
dir selbst zuzuhören.

Und leise zu sagen:
„Ich darf traurig sein.
Ich darf Hilfe brauchen.
Ich darf weich sein –
auch mitten im Lärm."

Brief 14 – Für dich, die immer denkt, sie sei „zu viel"

Du lachst zu laut.
Liebst zu sehr.
Fragst zu viel.
Denkst zu tief.

Zumindest hat man dir das gesagt.
Oft genug,
dass du es irgendwann geglaubt hast.

Aber vielleicht warst du nie zu viel –
sondern immer nur am falschen Ort.
Bei Menschen,
die selbst nie gelernt haben,
was es heißt,
ganz zu sein.

Du bist nicht zu viel.
Du bist vollständig.
Und irgendwann findest du jemanden,
der sagt:
„Genau so.
Bitte bleib."

Brief 15 – Für dich, die sich nicht mehr schön fühlt

Du siehst dich im Spiegel
und suchst Fehler.
Dein Bauch.
Deine Haut.
Deine Augenringe.

Und du vergisst dabei,
was andere sehen,
wenn du lachst.
Wenn du weinst.
Wenn du ganz du bist.

Schönheit ist kein Filter.
Kein Maßband.
Kein Vergleich.

Schönheit ist,
wenn du da bist
und lebst
und fühlst.

Wenn du dich nicht mehr versteckst,
weil du erkennst,
dass dein Wert nie in der Form,
sondern immer in der Wahrheit lag.

Brief 16 – Für dich, die nicht weiß, wie man loslässt

Du willst es.
Du weißt, dass es besser wäre.
Aber dein Herz klammert.
An Erinnerungen.
An Hoffnungen.
An all das,
was hätte sein können.

Loslassen klingt so einfach.
Aber es ist ein stiller,
rückwärts gerichteter Weg.

Und manchmal heißt loslassen:
Noch einmal weinen.
Noch einmal zurückdenken.
Und trotzdem weitergehen.

Du musst nicht sofort frei sein.
Du musst nur bereit sein,
nicht mehr festzuhalten,
was dich kaputt macht.

Und das bist du.
Jetzt.

Brief 17 – Für dich, die nicht weiß, wer sie ohne ihn ist

Er war so vieles.
Dein Halt.
Deine Richtung.
Dein Zuhause.

Und jetzt fühlst du dich leer.
Wie ein Puzzle ohne Motiv.
Wie ein Lied ohne Stimme.

Aber du warst nie nur das „Wir".
Du warst immer auch du.

Und vielleicht beginnt genau hier
eine neue Version von dir.
Nicht als Ersatz.
Nicht als Flucht.
Sondern als Rückkehr
zu der, die du davor warst –
und die du nie ganz verloren hast.

Brief 18 – Für dich, die denkt, sie müsste immer stark wirken

Du wirkst stark.
Unerschütterlich.
Abgeklärt.

Aber ich weiß,
wie oft du heimlich weinst.
Wie oft du dir nachts
dein eigenes Herz festhalten musst.

Du darfst stark sein.
Aber du musst nicht.
Du darfst weich sein,
fragend, müde, echt.

Es gibt keinen Orden
fürs Durchhalten.
Aber es gibt Heilung,
wenn du beginnst,
dich selbst so anzunehmen,
wie du heute bist.

Brief 19 – Für dich, die sich selbst am meisten vermisst

Du suchst ihn noch.
Aber was du wirklich suchst,
bist du selbst.

Die Version von dir,
die gelacht hat,
ohne Angst.
Die geglaubt hat,
dass sie geliebt werden darf.

Du vermisst dich –
und das ist okay.

Denn genau das ist der Anfang:
Nicht zurückwollen zu jemand anderem,
sondern zu dir.

Und du wirst dich wiederfinden.
Nicht genau gleich.
Aber ganz.

Brief 20 – Für dich, die glaubt, sie sei ersetzbar

Du fragst dich,
ob er je an dich denkt.
Ob er vermisst,
was ihr wart.

Und vielleicht hat er längst jemand Neues.
Vielleicht lacht er jetzt mit ihr.

Aber das heißt nicht,
dass du nichts warst.
Dass du austauschbar bist.

Du bist nicht ersetzbar.
Du bist einzigartig –
nicht weil du perfekt warst,
sondern weil niemand
dich so fühlen kann,
wie du fühlst.

Dein Wert hängt nicht daran,
wer bleibt.
Sondern daran,
dass du echt warst.
Und das bleibt.

Brief 21 – Für dich, die nicht weiß, ob sie je wieder lieben kann

Du hast geliebt.
Ganz. Tief. Ehrlich.
Und du wurdest verletzt.

Jetzt hast du Angst.
Dass Liebe immer wehtut.
Dass Nähe wieder zerreißt.
Dass du dich nie mehr öffnest.

Aber Liebe war nicht das Problem.
Nur die,
die damit nicht umgehen konnten.

Du wirst wieder lieben.
Langsamer. Klarer.
Aber du wirst.

Weil dein Herz gemacht ist
für Tiefe.
Und weil Mut
nicht bedeutet,
keine Angst zu haben –
sondern trotzdem
nochmal zu fühlen.

Brief 22 – Für dich, die sich manchmal selbst nicht glaubt

Manchmal denkst du:
„Ich übertreibe."
„Ich bilde mir das ein."
„Ich mache wieder Drama."

Aber vielleicht ist es kein Drama.
Sondern Wahrheit.

Vielleicht hast du gelernt,
dich kleinzureden,
damit andere bleiben.

Aber heute darfst du dir glauben.
Deinem Bauch.
Deiner Stimme.
Deinem Schmerz.

Denn du weißt,
was du gespürt hast.
Und du darfst lernen,
dass dein Gefühl
nicht dein Feind ist –
sondern dein Kompass.

Brief 23 – Für dich, die das hier gebraucht hat

Vielleicht hast du dieses Buch aufgeschlagen,

weil etwas in dir

nicht mehr schweigen konnte.

Weil du Antworten gesucht hast.

Oder nur ein kleines „Ich versteh dich".

Und vielleicht bist du jetzt ein Stück weiter.

Noch nicht ganz heil,

aber auch nicht mehr ganz verloren.

Du hast gelesen,

geweint,

gelächelt,

genickt.

Und das bedeutet:

Du fühlst.

Du lebst.

Du bist da.

Und ich hoffe,

diese Seiten waren ein bisschen wie eine Hand,

die dich gehalten hat,

als du selbst fast losgelassen hättest.

Du musst den Weg nicht perfekt gehen.

Nur weiter.

Und immer mehr zu dir.